心の玉座：

貪欲、比較、偽りの満足感に対して私たちが勝たなければならない12の戦い

による

ザカリアス・ゴッドシーグル;月曜日0.
オグベ大使;コンフォート・ラディ オグベ

Table of Contents

著作権ページ

発行者：
ザカリアス・ゴッズシーグル&ゴッズ・イーグル・ミニストリーズ（GEM）
www.otakada.org

特に記載がない限り、聖書からの引用は聖書です。すべての聖書の引用は、フェアユースのガイドラインに基づき、教育、学習、そして変革をもたらす霊的成長のために使用されています。

本書は、教え、考察、そして霊的解釈を目的とした作品です。本書で使用されている実話には、プライバシー保護のため、真実と影響力を保ちつつ、架空の人物や改変された内容が含まれている場合があります。

表紙デザイン： 「God's Eagle Creative Team」

米国で印刷

献身

私たちの心の玉座に座する方
、私たちの王、私たちの羅針盤、そして私たちの満足であるイエス・キリストに。この働きがあなたの御名に栄光をもたらし、多くの人々を
あなたの愛の中心へと呼び戻しますように。

聖霊よ、
そのささやきは私たちの道しるべとなり、その確信は私たちの清めとなり、その存在は私たちの力となりました。

戦う、国々のリーダー、家族、信者、探求者など、キリストの体である皆さんへ。
これらのページが隠れた場所に光を当て、より深い降伏、純粋さ、平和へと導きますように。

比較と格闘したり、
貪欲と格闘したり、真の満足を切望したことがあるすべての人にとって
、この本は自由への旅の道連れです。

そして最後に、支え、祈り、励まし、信じてくれたすべての人々へ。
皆さんの愛はすべての章に織り込まれています。主が皆さんに報いを与えてくださいますように。

–ザカリアス・ゴッドシーグル、マンデイ・O・オグベ大使、コンフォート・ラディ オグベ

謝辞

感謝の気持ちでいっぱいの私たちは、この本に命を吹き込むために神が用いてくださった神と人々に感謝の意を表します。

まず、私たちの教師、助言者、そして真理を啓示する聖霊に。
すべてのページ、すべての洞察、すべての促しはあなたから始まりました。清める確信、錨となる知恵、そして精錬する炎を与えてくださり、感謝します。あなたは真の変革の創造主です。

救われたすべての心の王座に座す、**私たちの主イエス・キリストへ。あなたの恵みがこの任務に力を与え、**
あなたの慈悲が私たちを支え、
あなたの愛が私たちに誠実さと大胆さをもって書かせました。

私たちの家族へ。
あなたたちの祈り、犠牲、そして理解があったからこそ、長い夜を過ごし、深く学び、世界規模の物語を語り、そしてこれほど強烈なメッセージの感情的な重みを伝えることができました。私たちと共に立ち、私たちと共に信じ、この重荷を共に背負ってくれてありがとう。

、God's Eagle Ministries (GEM) のパートナーや友人の皆さん、
皆さんの寛大さは、私たちの足で歩けるよりも遠くまで福音を運ぶ川となっています。皆さんが蒔いたすべての種は、大陸を越えて人々の人生に影響を与えています。私たちは、皆さんに深く敬意を表します。

物語や証言、弱点を共有し、その道のりでこのページを照らしてくれた皆さん
、皆さんの勇気は暗闇から他の人々を導くランタンとなりました。主が皆さんの誠実さを通して癒しを倍増してくださいますように。

私たちのメディア、技術、編集、仲介の各チームの皆様、
あなた方は舞台裏で静かに働き、言葉を洗練させ、メッセージを形作り、突破口が開けるよう祈り、そしてリリースごとに卓越性を確保しました。あなた方の労働は崇拝であり、天はそれを見ています。

世界中の信者、牧師、聖職者、探求者の皆さん、
皆さんがこの活動の緊急性を鼓舞してくださいました。皆さんの真実への渇望が私たちの従順の原動力となっています。

そして最後に、この本を手にした皆さんに、
探求し、挑戦し、そして変革するために心を開いてくださったことに感謝します。このメッセージが、皆さんの内なる生活の王座にキリストを復帰させる鏡、羅針盤、そして触媒となりますように。

すべての栄光は神のみにあります。

『THE THRONE OF THE HEART』について:

貪欲、比較、そして偽りの満足感と戦うための12の戦い

終わりのない比較、デジタル圧力、そして「もっと」の絶え間ない追求の時代に、何百万人もの人々が誰にも見えない戦い、つまり**心の王座をめぐる戦いを静かに戦っています。**
この変革をもたらす書は、アイデンティティを損ない、平和を破壊し、目的意識を弱め、信者を神の存在から切り離す**12の隠れた霊的戦いを暴きます。心を揺さぶる世界的な物語、聖書からの深遠な洞察、そして人生を変えるような考察を通して、** *『心の玉座』*は読者を魂の微妙な敵、すなわち貪欲、嫉妬、落ち着きのなさ、恩知らず、利己的な野心、不敬虔な満足、そして私たちの愛情を巡ってキリストと密かに競い合う偶像と対峙へと導きます。

ブラジルからソウル、ニューヨークから東京、ワシントンDCからドバイまで、ザカリアス・ゴッドシーグル、マンデー・O・オグベ大使、コンフォート・ラディが生き生きとした物語を語ります。 オグベは、感情的、実践的、そして精神的に鋭敏な知恵を提供しながら、あらゆる戦いを生き生きと描きます。
読者は次のことを発見するでしょう:

貪欲は小さな罪ではなく、第一戒と十戒を破り、他の多くの戒めを静かに引き起こす霊的な癌である理由
。
比較はいかにして喜びを奪い、信者から神から与えられた使命を見えなくさせるのか。
満足が力であり、自己満足が罠である
理由。 野心、影響力、成功を装った
偶像を見分ける方法。 落ち着きのない、成果重視の世界における**真の平和とはどのようなものか。**

心の王座を取り戻し、キリストを正しい位置に戻す方法。
各章の内容は次のとおりです。

- ***説得力のある実話***
- ***聖書における類似の例***
- ***深く考えるための質問***
- ***権力宣言***
- ***内なる癒しと精神的な調和のための実践的なステップ***

この本は以下の方向けです:

・キリスト教指導者および牧師
・アイデンティティを探る若者 ・プレッシャーに直面している専門家 ・神との親密さを切望する信者 ・比較、嫉妬、または精神的な疲労に疲れている人・家族、ミニストリー、小グループ、弟子訓練サークル

運命を壊す悪循環を断ち切る覚悟があるなら…
あなたの邪魔になるものを排除する覚悟があるなら…

純粋な心、安定した精神、キリストを中心とした人生を望むなら…

そうすれば、　*「心の王座」は*精神的な鏡、指導者、そして深い変革の触媒となるでしょう。
最も偉大な勝利は、外側で何を征服するかではなく、
内側で誰に屈服するかです。

裏表紙の宣伝文句

心の王座：
貪欲、比較、そして偽りの満足感と戦うための12の戦い
あなたの心の王座に座っているのは誰ですか?
競争、比較、そして「もっと」を求める果てしない欲望に突き動かされるこの世界では、数え切れないほどの信者たちが心の奥底で静かな戦いを繰り広げています。その戦いはアイデンティティを形作り、目的を歪め、精神的な力を奪います。

*『心の王座』*では、ザカリアス・ゴドイーグル、アンバサダー・マンデー・0・オグベ、コンフォート・ラディ オグベは、キリストの座を静かに奪い、偽りの欲望を支配している**魂の12の隠れた敵**を暴きます。
ブラジル、ニューヨーク、ソウル、東京、ドバイ、ワシントンD.C.など、世界各地の心を掴む実話を通して、各章は以下を明らかにします。
· 貪欲の微妙な高まりとそれがいかにして第一戒と十戒を破るか
· 比較、嫉妬、物質主義、そして飽くなき野心の破壊的なサイクル・霊的な自己満足につながる「不敬虔な満足」の欺瞞・成功、影響力、あるいは欲望に偽装された偶像の危険性・真の、神を中心とした満足がもたらす変革的な美しさ
聖書、個人的な出会い、そして世界各地の物語をもとに書かれた本書は、霊的な鏡であると同時に、道しるべでもあります。各章の最後には、内省を促す問いかけ、心を新たにする宣言、そして心の王座を取り戻すための実践的なステップが記されています。
あなたがリーダー、専門家、学生、牧師、求道者であるかどうかに関わらず、この本は次のことに役立ちます。

・神との親密さを再発見する
・運命を断ち切る悪循環を断ち切る・比較の声を黙らせる・落ち着きのない世界に平安を見出す・キリストにアイデンティティを確立する・精神的な基盤を強化する
最も偉大な勝利は、外的に得られるものではなく、内面的に得られるものです。
キリストがあなたの心の王座の正しい地位に回復されるときに得られるのです。

序文

どの世代においても、神は人の心の静かな漂流に立ち向かう声を上げます。それは単に慰める声ではなく、正す声です。楽しませる声ではなく、目覚めさせる声です。拍手喝采を求める声ではなく、天の目的に沿う声です。

この本、**『心の玉座』**はまさにそんな声です。

これらの章が書かれるずっと前から、それらは*苦闘の連続*でした。著者たちは学者や評論家としてではなく、聖霊に自らの心の中にある戦いの場に立ち向かわせた男女として、このメッセージに取り組みました。その結果、本書は神学的に健全であるだけでなく、霊的にも鋭敏な、必要なところに刺し貫き、必要なところに癒しを与え、すべての信者を服従の座へと呼び戻す書物となりました。

比較がライフスタイルとなり、
貪欲が常態化し、
満足感が偽造され、偶像崇拝が新たなデジタル形態をとっている
世界に住んでいます。

このような世界において、この本はタイムリーであるだけでなく、神の介入でもあります。

ここで取り上げられている12の「戦い」は、どれも今日の教会に蔓延する静かな疫病を物語っています。キリスト教徒は平和のない闘争、清らかさのない指導、親密さのない奉仕、感謝のない礼拝、そして外面的には成功しながらも内面的には衰退しているのです。ソウルからドバイ、ラゴスからサンパウロ、ワシントンから東京まで、世界各地の物語を通して、著者たちは、人間の心は文化を超えて同じであることを私たちに

思い起こさせます。キリストが支配するまでは落ち着きがなく、キリストが満たすまでは空虚で、キリストが満足させるまでは飢えているのです。
この本で最も際立っているのは、**大胆な正直さだ。**
お世辞も、甘やかすこともなく、真実を弁解することもない。
むしろ、それは私たちを最初の戒め、最初の愛、そして弟子としての最初の召命へと愛情深く導いてくれます。
「わたしのほかに、何ものをも神としてはならない。」
「あなたは…をむさぼってはならない。」
第十戒が破られる時、第一戒はすでに崩れ去っている。
比較が根付くと、満足感は静かに消え去る。偶像崇拝が台頭すると、親密さは崩壊する。
この本はこれらの現実を明快に、勇気をもって、そして思いやりをもって明らかにしています。
マンデー・0・オグベ大使、ザカリアス・ゴッドシーグル、コンフォート・ラディ オグベはキリストの体に賜物を与えました。それは、私たちが偽りの自分ではなく、真の自分、そして神が私たちに招いておられる姿を映し出す霊的な鏡です。彼らの声は、経験の重み、執り成しの恵み、そして秘められた場所で育まれた指導者としての成熟を体現しています。
読み進めるうちに、あなたは次のことに誘われるでしょう：

·恥じることなく自己を省みる
·非難することなく悔い改める
·打ちのめすことなく矯正する

·自己満足することなく満足する
·恐れることなく屈服する

あなたは、何年も無視してきた自分自身の一部と向き合うことになるでしょう。

しかし、あなたはまた、清め、回復し、再秩序づけ、統治する準備ができている神も見つけるでしょう。
これは一度読むだけの本ではありません。
心が揺れ動き、礼拝がマンネリ化し、優先順位が天とずれていくたびに、読み返すべき本です。
私の祈りはシンプルです。
これらのページがあなたを完璧さではなく、**本物へと導きますように**。

野心ではなく**従順へ**。
単なる知識ではなく**変革へ**。
自己改善ではなく、**王座についたキリストへ**。
もしあなたが許すなら、聖霊はこの本を使って、あなたの心の中にある、劣った師たちによって長い間占領されてきた領域を取り戻してくれるでしょう。
すべての読者がこのページから明晰さ、純粋さ、感謝の気持ちを持ち、正当な王に王位が回復されることを願います。
これは単なる本ではありません。
それは呼びかけです。中心へ、秘密の場所へ、イエスの足元へ、そして心の王座へ戻るための呼びかけです。

マスター

序文

心の王座：

貪欲、比較、そして偽りの満足感と戦うための12の戦い

このメッセージは簡単に与えられたものではありませんでした。主の前に
30日以上も待ち続け、深い瞑想、心の探求、自己との向き合い、悔い改め、そして従順の日々でした。この旅の間ずっと、私の祈りはシンプルでした。*「主よ、このメッセージに重みを与えてください。このメッセージに触れるすべての人の心に、突き刺さり、罪を悟らせ、癒し、永続的な変化をもたらしてください。」*

このページを読んでいる皆さんに、物語や聖句を追うだけでなく、もっと多くのことをしていただきたいと思います。それらが作り出す**鏡を見つめてみてください**。御言葉が内なるものを明らかにする時、目を背けてはいけません。それに基づいて行動してください。天国で最も盛大な祝典は、雄弁な説教や大勢の群衆によるものではなく、**真の悔い改めによるものです**。
イエスはこう言われました。*「罪人が一人悔い改めるなら、天には喜びがある。」*　（ルカ15:7）

預言者サムエルはサウル王にこう言いました。
「従順は犠牲に勝る。」　（サムエル記上 15:22）
この真理は聖書中に50回以上出てきます。なぜでしょうか？それは、**神は不従順な心から来る感謝を拒絶されるからです。神は、**真実、清さ、そして献身から来る感謝を喜ばれます。

そして今、世界中の多くの人々が年末の感謝祭の準備をしている中、主は警告と招待を与えておられます。
従順から生まれた感謝祭だけが、主の御座の前に香りを漂わせるのです。

このメッセージの核心

敬虔さ。満足。貪欲。これらは些細な問題ではありません。
聖書全体を通して重要な問題であり、すべての信者にとって根底にある戦いの場です。そして、それぞれが心の真摯な吟味を必要とします。

ダビデは詩篇139篇23節でこう祈りました。
「神よ、わたしを探り、わたしの心を知ってください…」
これは、この本のメッセージを完全に受け取るために必要な姿勢です。

神は宗教的なパフォーマンスをする人や、外見だけを磨かれたクリスチャンを
求めておられるのではありません。神は**真の器、**つまり比較、嫉妬、貪欲、見せかけ、そして現代の巧妙

な偶像崇拝といった毒から解放された、清い器、従順な心を持つ者を求めておられるのです。

このような時のためのメッセージ

この教えは、聖霊の導きがない限り、今年最後のメッセージとなります。
音声版と動画版の完全版は、こちらからご覧いただけます。

🎥 YouTube
https://youtu.be/pfdffNNGH-s?si=xCPctwBOpKTZGSK0

🎧 ポッドキャスト
https://open.spotify.com/episode/0KDztlNO6y2Ze8lPIIUxKA?si=PG2SFbUpQMGhsmRaqhkHuQ

神の恵みにより、私たちはこれらの教えを**書籍、映画、そして翻訳へと発展させ**、より多くの人々に多言語で届けられるよう努めます。また、特にオンラインでは私たちのコンテンツに触れる機会がない、心は飢えているもののオフラインで聴いている方々のために、**ラジオ放送の開始も準備しています**。

収穫のためのパートナーシップへの呼びかけ

もしゴッズ・イーグル・ミニストリーズ（GEM）のメッセージがあなたに祝福をもたらしたなら、私たちとのパートナーシップをご検討ください。
皆様のご支援は、私たちがこれらの人生を変えるメッセージを、スクリーンを超え、国境を超え、制限を超え、家庭、国、そして人々の心に届けていく力となります。

デジタルプラットフォームやラジオを通して、混沌とした世界の中で、世界中の人々が希望、真実、そして神の揺るぎない声を求めています。GEMでは、メディアは諸国に張り巡らされた**霊的な網であり**、魂を集め、家族を修復し、リバイバルの火付け役となると信じています。

あなたのパートナーシップは私たちに次の利益をもたらします:

信仰を呼び覚まし、傷を癒し、キリストの愛をわかりやすく力強く明らかにする、**聖霊に満ちた映画やビデオ コンテンツを制作します。**

2. ラジオで福音を放送し、
インターネットをはるかに超えて、村、遠隔地、刑務所、病院、コミュニティに福音を届けます。

3. ソーシャル メディアによる教育および弟子訓練キャンペーンを拡大し、
各国の信者を鼓舞し、正し、強める日々の祈り、教え、メッセージを提供します。

あなたのサポートが重要な理由

発信されるすべてのメッセージは、私たちが物理的に足を踏み入れることのない場所に、キリストの香りを運びます。
あなたの寄付は**光の種となり**、影響力の波紋となり、神の世界的な収穫への貢献となります。

主の導きに従って与えなさい

金額の制限はありません。
金額の大小を問わず、あらゆる寄付がミッションの推進に役立ちます。

ペイパル：

https://www.paypal.com/ncp/payment/D6NEFW56KG8LU

Tithe.ly:

https://tithe.ly/give?c=308311

寄付のあらゆる手段：

https://www.otakada.org/partnership-giving

パートナーシップへのご寄付ありがとうございます。主がイエス・キリストの御名によって豊かに祝福されますように。

この本のテーマ聖句

「神を敬い、満ち足りることこそ大きな利益である。」 *– 1テモテ6:6*

出エジプト記20:3-17 ·コロサイ人への手紙3:5 ·ルカによる福音書12:15

これらの聖句は、この本で探求されている 12 の戦いの基礎を形成しています。それは、心の中で静かに戦われる戦いですが、その結果は運命を形作ります。

私が祈るのは、あなたがこのページをめくるときに、聖霊があなたを探り、あなたを清め、あなたを整え、キリストを、彼だけがふさわしい場所、つまりあなたの心の王座に回復してくださることです。

–月曜日0・オグベ大使

ゴッズ・イーグル・ミニストリーズ（GEM）創設者

www.otakada.org

導入

キリストを内なる生活の中心に戻す

あらゆる霊的な戦いは、罪を犯す前、決断を下す前、あるいは失敗が目に見えるようになるずっと前から始まっています。真の戦場は心です。目に見えず、守られず、しばしば管理もされていません。しかし、心はあらゆる被造物の中で最も霊的に戦略的な領域です。

箴言はこう教えています。
「何よりもまず、あなたの心を守れ。命の源はそこから流れ出るからである。」　（箴言4:23）

すべてはここから上昇し、下降する。
純粋さ。目的。平和。嫉妬。偶像崇拝。貪欲。従順。アイデンティティ。満足。

心は神が統治することを望む玉座の部屋であり、また敵が占領することを望む戦場でもあります。

この本が存在する理由はただ一つ、**あなたがその王座を取り戻す手助けをすることです。**

このメッセージが今なぜ重要なのか

私たちは、意見、期待、流行、プレッシャー、そしてデジタルの幻想といったノイズに溢れた時代に生きています。これらは、私たちが認める以上に内面を形作ります。今日、多くの信者は外見上は強そうに見えても、内面では疲れ果て、散漫で、落ち着きがなく、あるいは比較、嫉妬、不安、物質主義、精神的な自己満足によって静かに傷ついています。

人間の心は混み合っている。
野心で混み合っている。
恐怖で混み合っている。
神が植え付けたことのない欲望で混み合っている。神のささやきをかき消す声で混み合っている。

そして、心が冠するものに、人生は従います。

したがって、貪欲とは、単に他人の所有物を欲しがることではなく、**礼拝のあり方を変えることです**。それは神の座を奪い、欲望を王座に据えるのです。確かに十戒に違反しますが、最終的には第一戒にも違反するのです。

「わたしのほかに、何ものをも神としてはならない。」

比較も同じ
です。嫉妬も同じです。飽くなき野心も同じです。不敬虔な満足も同じです。つまり、成長を阻む自己満足です。

これらの力は秘密裏に、巧妙に、そして徐々に作用する。
叫ぶのではなく、ささやく。攻撃するのではなく、侵食する。瞬時に破壊するのではなく、日々消耗していく。

だからこそ、イエスは弟子たちに、罪についてだけではなく、**罪につながる心の状態**、つまり貪欲、嫉妬、自己顕示、偽善、自己欺瞞についても繰り返し警告したのです。

この本に載っている12の戦い

以降の章では、12 の精神的な戦場、つまり信者の生活の中心からキリストを静かに引きずり下ろす 12 のパターンについて説明します。

各章の内容は次のとおりです。

世界中の実話、
霊的原則を明らかにする聖書の類似点、自己省察のための深い反省、調和を取り戻す宣言、すぐに実践できる実践的な変化

これは理論ではありません。
これは心臓手術です。これは内なる命のための弟子訓練です。

読み進めるうちに、次のようなことが分かるでしょう。

・ 確信した
・ 対峙した ・ 目覚めた ・ 励まされた ・ 強められた
・ 方向転換した ・ 洗練された

このメッセージはあなたを非難するためではなく、あなたをより大きな自由とイエスとのより深い交わりへと招くためのものです。

この本を読む方法

ゆっくり読んでください。
頻繁に休憩を取り、一つ一つの戦いを通して祈りましょう。聖霊が一つ一つの物語を個人的なものとしてくださいますように。あなたがこれまで無視したり、正当化したり、当たり前だと思っていた心の部分に聖霊が触れてくださるように。

この本は鏡だ。
そして鏡は嘘をつかない。

プライドに気づいたら、それを認めなさい。
嫉妬に気づいたら、それに立ち向かいなさい。落ち着きのなさに気づいたら、それを手放しなさい。偶像に気づいたら、それを打ち壊しなさい。

聖霊は優しく、しかし徹底的です。
聖霊は癒しのために啓示し、清めるために罪を悟らせ、回復するために暴露します。

自由への旅

あなたが神に許すなら、この本はあなたを次の道へと導いてくれます。

·成長を促す
神聖な満足感·目的
を燃え上がらせる動機**の純粋さ**·比較を沈黙させる
明確なアイデンティティ·嫉妬を消し去る
感謝·頑固さに取って代わる
従順さ·落ち着きのなさを終わらせる

平和·野心に打ち勝つ
謙虚さ·偶像崇拝を破壊する**真の礼拝**

これらは運命を決定づける勝利です。

始める前に最後の招待状

心を静め、
防御を解き、主の前に優しく魂を開きなさい。

最初の章に足を踏み入れるときに、この祈りを唱えてください。

主よ、私を深く探り、
見えないものを明らかにしてください。あなたが植えなかったものを取り除き、私があなたを退けた場所で統治してください。
イエスを私の心の中心に取り戻してください。
アーメン。

旅へようこそ。
鏡へようこそ。**心の玉座へようこそ**。

キリストが再び統治しますように。

第1章法の糸と貪欲の網

神がモーセに十戒を与えたとき、それは崇拝の王座で始まり、欲望の戦場で終わりました。
「わたしのほかに、何ものをも神としてはならない。」－ 出エジプト記 20:3
「あなたは、わたしの神々をむさぼってはならない。」－ 出エジプト記 20:17
これら二つの戒律は、石板の両端に置かれた別々の戒律ではありません
。他の戒律を束ねる**ブックエンドのような存在**です
。
最後のものを破ることは、最初のものを破ることです
。
貪欲とは、自分が望むものを偶像化することです。それは神に静かにこう言うことです。
「あなたは十分ではありません。何か他のものが私を満たさなければなりません。」
その一つの渇望の種から、破壊の森全体が成長します
。
貪欲は戒律を一つずつ破ります。

- 第一に、神を欲望に置き換える
- 第七に、自分のものではないものを欲しがることによって
- 第八は他人の所有物を盗むことである
- 第九 － 盗難を防ぐために嘘をつく
- 第六 － 望むものを得るために（肉体的または精神的に）殺すこと

あらゆる不従順な行為は貪欲な心から始まります。

貪欲とは単に欲しいということではなく、
欲しいものを崇拝することです。
それは単なる欲望ではありません。
それは欲望が王座に就いたものなのです。
それは単なる食欲ではなく、
制御できない食欲です。
貪欲とは、その結末が嵐になるまで誰にも気づかれない静かな反乱である。

二つの王家の悲劇：ダビデとアハブ ― 貪欲が誠実さを殺したとき

ダビデとバテシバ ― サムエル記下 11 章

それは、ひと目から始まった。
屋上からの一瞥。無防備な欲望。
ダビデはバテシバが水浴びをしているのを見て、自分のものではないものを欲しがりました。
その視線は情欲へと成長し、
情欲は姦淫へと、姦淫は欺瞞へと、欺瞞は殺人へと変化した。

かつて罪から逃げていた王が、今度は罪に向かって走り、自分の罪の痕跡を隠すために人の命を踏みにじった。
預言者ナタンが到着すると、金持ちが貧しい人の羊を盗んだという物語をダビデに語りました。これは血を要求するほどの激しい貪欲さを物語っています。
「欲しい」で始まったものが、**「それを手に入れるためなら殺してもいい」**で終わった。
貪欲は「神の心にかなう人」を泥棒や殺人者に変えました。その理由は次のとおりです。
神から目を離すと、
神が決して与えなかったものを奪い始めます。

アハブとナボテ — 列王記上 21章

アハブは宮殿、ブドウ園、兵士、そして土地を持っていた。
十分すぎるほどだった。しかし、貪欲は常に囁く。
「すべてが十分ではない」
ナボテの小さなぶどう園を見たとき、嫉妬が嵐のように噴き出しました。
ナボテは父の相続地だったため、売却を拒否しました。
そこでイゼベルは偽造文書を偽造し、偽証者を手配し、ナボテを殺害し、奪った土地をアハブに渡しました。
王が野菜を植えるために、ある男が亡くなりました。
神はエリヤを通して雷鳴を響かせた。
「あなたは殺人もして、さらに奪取もしたのですか？」
貪欲は陰謀、欺瞞、窃盗、流血へと転化しました。

どちらの王も豊かでしたが、欲望のせいで感謝の気持ちがわからなくなってしまいました。
貪欲は貧しい人の闘いではなく、
人間の闘いなのです。
それは不足についてではなく、
憧れについてです。

イエスの警告

イエスは言葉を和らげませんでした。
「内側から、人の心から、悪い思いが出て来る。姦淫、殺人、盗み、貪欲…」
ーマルコ7:21-22
貪欲は小さな罪ではありません。
それは破滅の森へと成長する種です。神の王座を奪い、欲望を王座に押し上げ、心を偶像崇拝の工場に変えます。
すべての偶像は「欲しい」から始まる。
すべての没落は「必ず手に入れなければならない」から始まる。
そして、あらゆる霊的回復は、
「主よ、再び統治してください」という言葉で始まります。

糸が私たちの人生にどのように織り込まれるか

貪欲はめったに姿を現さない。
善意を装って現れるのだ。

- **野心**
- **賞賛**
- **競争**
- **欲望**
- **機会**
- **進捗**

内部に隠れています:
・ 家庭 – 比較と競争を通じて
・ 学校 – 人格のない競争を通じて ・ 企業 – 成長を装った貪欲を通じて ・ 政府 – 発展を装った腐敗を通じて ・ 教会 – インスピレーションを装った模倣を通じて
貪欲は、崇拝者を憧れの人に、召使をライバルに、指導者を役者に変えます。
それは満足感を静かに暗殺する者です。
12 の戦いを探索する前に、Web をはっきりと見なければなりません。**認識していないものを倒すことはできないからです。**
さて、基礎が築かれた今、私たちは心の 12 の戦場、つまり貪欲の 12 の側面とそれを克服する 12 の恩寵の旅に足を踏み入れます。

第2章嘘をつく鏡

(比較と感謝の戦い)

ソフィアがサンパウロからニューヨークに到着した時、彼女が持っていたのはスーツケース一つ、借り物のノートパソコン、そして一つの夢だった。それは、知られざる人々の物語を伝える写真家になることだった。騒がしいデリの上のシェアフラットで寝泊まりし、夜明けとともに起き、朝はバリスタ、夜は写真編集者という二つの仕事を掛け持ちした。
毎週末、彼女はカメラを手に街を歩き、太陽の光と笑顔を追いかけました。ある午後、セントラルパークで手をつなぐ老夫婦の写真を撮り、「愛は今も私たちの間を歩いている」というキャプションを付けてオンラインに投稿しました。1週間も経たないうちに、この写真には1000件の「いいね！」が集まりました。ソフィアは初めて、自分がずっと思い描いていた通りの人間になりつつあると感じました。
ところが、アルゴリズムが変更され、拍手喝采は止まった。
別の写真家、イーサン・リーが、インフルエンサーの華やかなポートレートを投稿し始めたのだ。ブランドが彼に注目し、数ヶ月のうちに彼は看板広告に登場し、ワークショップを開催し、ソフィアが夢見ていた機材を購入するようになった。
彼女はまだカメラを持っていたが、今は別のタブで彼のページを開いていた。毎朝、彼のフォロワー数と自分のフォロワー数を、彼のコメント数と自分のコメント数を、彼のカメラと自分のカメラ数を比べていた。撮影の喜びは消え去り、写真は無理やり撮られるようになった。彼女は呟いた。「彼のようなものがあれば、私もいつかは誰かの役に立てるのに」
ある寒い夜、彼女はダウンタウンの展覧会に足を運んだ。磨き上げられた額縁の中に立っていると、二人の来場者が、彼女自身の写真——公園で撮った老夫婦の写真——の横でささやきあっているのが聞こえてきた。
「これは誰が撮ったの？」と一人が尋ねた。「まるで…生きているみたい」「ソフィア・A・シルバという人の作品です」とキュレーターが言った。「彼女はあまり投稿しませんが、珍しいものがあります。誠実さです」
その言葉は、どんなスポットライトよりも強く彼女を襲った。彼女は、自分のレンズを通して人生を見ることをやめていたことに気づいた。嘘をつく鏡を見つめていたのだ。
その夜、彼女は歩いて家に帰り、数ヶ月ぶりに祈りを捧げた。
「神様」と彼女は言った。「私がすでに持っているものに感謝します。再び光を見るように教えてください。『いいね』ではなく」
彼女は古くて傷だらけのカメラの埃を払い、翌朝、公園に戻った。そこには同じカップルがいた。年配の、歩くのが遅くなった、まだ手を繋いでいるカップル。
彼女はレンズを持ち上げ、微笑んでシャッターを押した。
そのクリック音はまるで崇拝のようでした。

聖書の鏡

ペテロはかつて、復活後、ガリラヤの岸辺に立っていました。イエスは愛をもって彼を立ち直らせ、「わたしの羊を養いなさい」と言われました。
しかし、ペテロは振り返り、後ろを歩いているヨハネを見て、「主よ、彼はどうなったのですか」と尋ねました。（ヨハネ21:20-22）
するとイエスはこう答えました。「それがあなたに何の関係があるのか。あなたはわたしに従いなさい。」
まさにその場で、家族の皆さん、救い主はニューヨークでソフィアを襲ったのと同じ病、つまり比較という毒を暴露されたのです。
それはエデンの園と同じくらい古いものです。
イブはその果実を見て、「なぜ他の人、あるいは何かが持っているものを私は手にできないのだろう」と考えました。ダビデはバルコニーからその果実を見て、「私は彼女にふさわしい」と思いました。アハブは宮殿からその果実を見て、「ナボテのぶどう園が必要だ」と思いました。
比較は貪欲を生み出し、
貪欲は感謝の念を失わせます。そして感謝の念が消え去ると、すべての戒律は崩れ始めます。
家族の皆さん、よく聞いてください。比較するということは、神に「あなたが私に与えてくださったものは十分ではありません」と言っているようなもの
です。鏡はそうやって嘘をつくのです。他人のハイライトを映し出し、それをあなたの失敗だと決めつけるのです。あなたの道は狭すぎる、あなたの物語は遅すぎると告げるのです。
しかし、天国は決して曲線で評価しません。測るのは忠実さであって、従う者ではありません。

満足 vs. 自己満足

さて、満足を自己満足と勘違いしないでください。
自己満足は腕を組んで「なぜ努力する必要があるんだ？」と言います。それは偽りの平和に包まれた怠惰です。
満足は上を見上げて「主よ、ありがとう。私は成長し続けます。でも、感謝の気持ちを持って成長します。」と言います。
ソフィアは比較を手放したからといって、写真をやめたわけではありません。むしろ、それを再発見したのです。
ペテロがヨハネを見なくなったとき、彼は諸国を揺るがす使徒となりました。満足はあなたの物語を終わらせるのではなく、解放するのです。

反射

誰の進歩が私の尺度になったのでしょうか？
私は称賛を偶像崇拝に変えてしまったのでしょうか？
スクロールをやめて、すでに手元にあるものを管理し始めたらどうなるでしょうか?

持ち帰り/宣言

「比較の鏡は嘘をつきますが、感謝のレンズは真実を語ります。」
家族の皆さん、私の言うことを聞いてください。
嘘をつく鏡を見つめるのはやめてください。神があなたに与えてくれたレンズ、つまりあなた自身の才能、あなた自身の季節を手に取り、もう一度感謝を通して人生を見つめてください。感謝はあなたを満足させるのではなく、あなたが立っている場所であなたを輝かせるからです。

第3章 -これ以上は十分ではないとき

(貪欲と平和の喪失)

「空っぽのペントハウス」

ラヴィ・メータはムンバイで生まれ、大きな夢だけを抱いていた。懸命に勉強し、教科書を買うために食事を抜き、寮の部屋で小さなソフトウェア会社を立ち上げた。当初、彼の成功は正義のように思えた。眠れない夜と、混雑した電車の中でささやきながら祈ったことへの報酬のように。
ビジネスは爆発的に成長し、投資家が集まり、賞も次々と受賞した。まもなくラヴィはドバイに海を見下ろすペントハウスを構え、滅多に運転しない車を所有し、父親の生涯の貯蓄全額を上回る時計を所有するようになった。
しかし、奇妙なことが起こった。登るにつれて、呼吸が苦しくなっていったのだ。毎朝、コーヒーを飲む前にフォーブスのランキングをチェックし、毎晩午前3時まで株価チャートを更新した。妻のアンジャリに「いつになったら満足するの？」と聞かれたことがあるが、
彼はそれを笑い飛ばした。「次のマイルストーンだ」と彼は言った。
ある日、会社の会議中に、若いインターン生が疲労困憊で倒れた。彼に良い印象を与えようと、彼女は三交代制で働いていたのだ。彼女が運び出される間、ラヴ

ィはガラスの壁に映った自分の姿を見た。いつもと同じ目の下のクマと、いつもと同じ虚しさ。その夜、彼はペントハウスに一人座り、自分が平和のない宮殿を築いてしまったことを悟った。
数週間後、彼は講義のために母校を訪れた。その後、キャンパスの食堂に足を運ぶと、かつての教授が質素な米とレンズ豆を食べているのを見つけた。教授は微笑んで言った。「ラヴィ！君はいつも空を追いかけていたね。日の出を眺めるために立ち止まったことはあるかい？」
その質問に、彼は打ちのめされた。
ラヴィは家に帰り、小切手を2枚切った。1枚は貧しい学生のための奨学金、もう1枚は過労のIT労働者のための財団設立のための小切手だ。彼は数年ぶりに、一晩中眠ることができた。

聖書の鏡

皆さん、貪欲は聖書の中でよく見かけるものです。
ゲハジはナアマンの銀を追いかけ、らい病を患って戻ってきました（列王記下5章）。裕福な若い君主は、崇拝が富に取って代わられたことを悲しみながら立ち去りました（マルコ10章17-22節）。アハブはナボテのぶどう園を欲し、それを手に入れるために殺人を犯しました。ダビデは他人の妻を欲し、それを隠すために殺人を犯しました。

友よ、よく聞いてください。貪欲は盗みから始まるのではなく、神はあなたにもっと多くの借りがあると考えることから始まるのです。
貪欲は渇望によって第十戒を破り、盗みによって第八戒を破り、破壊によって第六戒を破り、そして神ではなく利益を崇拝することによって第一戒を破ります。
イエスはこう言われました。「あらゆる貪欲に対して警戒しなさい。たといたくさんの持ち物を持っても、人のいのちは定まらないからです。」（ルカ12:15）
貪欲はお金だけに関するものではありません。お金が満たされても休むことのできない心に関するものなのです。

満足と自己満足

欲望には両側に危険が潜んでいます。
貪欲は尽きることなく、自己満足は積み重なっていきます。満足は中間に位置します。今日に感謝し、明日に誠実でいることです。
ラヴィはビジネスを辞めたのではなく、ビジネスを復活させたのです。与えることは自分を小さくするのではなく、解放することを学んだのです。貪欲さが感謝の気持ちに取って代わられた時、成功はもはや主人ではなく、奉仕の務めとなりました。

反射

私は何を一生懸命追求したせいで、途中で平穏を失ってしまったのだろうか？
私の野心は、人間関係や休息を犠牲にする祭壇になってしまったのでしょうか？
寛大さは私の魂に必要な薬になるのでしょうか？

持ち帰り/宣言

「貪欲は数え続け、感謝は与え続ける。」
友人の皆さん、私の言うことを聞いてください。
「より多く」があなたの神になると、十分なものは決して存在しなくなります。しかし、あなたが与え始めると、鎖は切れます。真の繁栄は、あなたがどれだけの量を持っているかではなく、喜びを失うことなくどれだけの量を解放できるかです。

第4章 舞台照明の罠
(嫉妬と目的のための戦い)

「沈黙を破った歌」

ジナという名の若い歌手は、明るい光と大きな拍手を夢見て育った。彼女の歌声は交通を止められるほどで、学校の合唱団からは「奇跡の音」と呼ばれていた。
有名なタレントショーのオーディションが発表されると、彼女は震える手と希望に満ちた心で会場に足を運んだ。
彼女は魂を込めて歌い上げたが、別の出場者であるミンソが勝利した。ジナはステージ上で拍手し、カメラに向かって微笑み、ささやきながら祝福の言葉を述べたが、心の中で何かが砕け散った。かつて憧れていた少女は、密かに恨んでいた少女へと変わっていたのだ。
数ヶ月後、ミンソの曲がチャートを賑わせた。ジナはYouTubeチャンネルにミンソの曲のカバーをアップロードし始めた。真似をすればするほどフォロワーは増え、同時に空虚感も募っていった。自分のメロディーは埃をかぶっていた。
ある晩、ダウンタウンのラウンジでの演奏の後、彼女は隅の方で年老いた男性がギターを弾いているのを耳にした。ギターケースは開いていて、半分空っぽだった。曲の合間に彼は静かにこう言った。「誰もが舞台を求めている。物語を求める人はほとんどいない」。
その言葉が彼女の心に深く刻み込まれた。

家に帰ると、彼女は書きかけの歌詞が綴られた古いノートを開き、「静かな少女」というタイトルの歌詞を見つけた。嫉妬が心に芽生える前のことを思い出した。生々しく、正直で、神への憧憬に満ちた歌詞だった。彼女は囁いた。「主よ、もしあなたがまだこの声を欲しているなら、お返しください」
数週間後、彼女は小さなチャリティコンサートで「サイレント・ガール」を生歌しました。華々しくも名声もなく、ただ真実だけを歌いました。観客席にいたある母親は涙を流し、「あの歌のおかげで許すことができました」と言いました。その夜、ジナはパフォーマンスと奉仕の違いを悟りました。名声が彼女を模倣させ、苦しみが彼女を本物へと導いたのです。

聖書の鏡

友よ、嫉妬は足の軽い泥棒です。ラケルはレアの子供たちを嫉妬し、レアはラケルの愛情を嫉妬しました（創世記30章）。二人の比較は祝福を争いへと変えました。ヤコブとヨハネはイエスに栄光の右と左の席を求めました（マルコ10:35-37）。イエスは答えました。「わたしの飲む杯を、あなたは飲めるか」。偉大さは競争によってではなく、召命によって得られることを教えています。
牧師でさえこの罠に陥ります。私たちは他人の油注ぎを羨み、彼らの態度を真似し、彼らに従うことを切望します。恵みは装いではなく、契約であることを忘れています。ペテロがヨハネを見て「主よ、彼はどうですか」と尋ねたとき、イエスは「それはあなたに何の関係があるのですか。あなたは私に従いなさい。」（ヨハネ21:20-22）と言われました。

友よ、よく聞いてください。嫉妬はあなたを速くしません。むしろ、信仰を失わせます。他人の道の方が自分の目的地よりも良いと思い込ませます。ここで言う貪欲は、十戒に違反するだけでなく、第一戒にも違反します。なぜなら、私たちは全能の神ではなく、拍手を崇拝し始めるからです。

満足と自己満足

満足は夢を潰すのではなく、動機を浄化する。自己満足は「なぜ努力する必要がある？どうせそちらの方が良い」と言う。満足は「私は最善を尽くす。不承不承ではなく、感謝の気持ちを込めて」と言う。
ジーナは音楽を辞めたのではなく、メロディーの中に奉仕の精神を再発見したのです。真似をやめたとき、彼女自身の音は癒しをもたらしました。嫉妬が感謝に変わると、まさにそのようなことが起こります。他人の真似をやめ、神を表現し始めるのです。

反射

誰の成功が私を密かに不安にさせるのでしょうか？
私は憧れを執着と勘違いしているのだろうか？
もし誰も拍手してくれなかったら、私はまだ奉仕したり、歌ったり、創作したり、説教したりするでしょうか?

持ち帰り/宣言

「嫉妬は拍手喝采を競い、目的が従順を完成させる。
」
友人の皆さん、私の言うことを聞いてください。
舞台の照明のために生きるのはやめてください。主の微笑みの日の出のために生きてください。あなたの目的が礼拝になれば、あなたの舞台は聖地になります。主のためだけに輝くために、成長することに満足し、感謝の気持ちを持ってください。

第5章開けてはいけない扉（欲望、誘惑、そして純潔への闘い）

「ホテルの部屋の窓」

ダニエルはドバイの多国籍企業に勤め、三大陸にまたがる顧客を担当していた。彼は魅力的で、雄弁で、人生の最愛の人、アマラと結婚したばかりだった。二人はナイロビの教会で出会い、皆から「一緒に祈るカップル」と呼ばれていた。
そして昇進——地域ディレクターに。それに伴い、旅行、高級ホテル、そして成功を装った孤独がやってきた。
長い一日の打ち合わせの後、ある深夜の会議で、彼は顧客担当のヤスミンに出会った。彼女は機知に富み、親切で、彼のジョークには全て笑ってくれた。二人は芸術、文化、そして会社員生活の疲れについて語り合った。最初は、ビジネスディナー、相乗りタクシー、丁寧なメールのやり取りなど、何気ない会話だった。しかしある晩、ホテルの窓からドバイのスカイラインを眺めていると、彼女が彼の手に手を置いた。世界が一瞬止まった。
彼の心のすべてが「一晩だけなら大丈夫」と言っていた。
しかし、どこか奥底で別の声がささやいた。「これはすべてを台無しにする扉だ。」

彼は席を外し、バスルームへ行き、鏡に映る自分の姿を見た。そこに映ったのは成功した男ではなく、震える夫が、平和を築いてきた誓いを破ろうとしている姿だった。涙が頬を伝った。彼は冷たいタイルの上にひざまずき、囁いた。「神様、私がそうする前にこのドアを閉めてください」
翌朝、ダニエルは早めに退社した。顧客口座を別の支店に移し、1週間の休暇を取った。彼が妻に、もう少しでこんなことになるところだったと話すと、妻は怒りではなく、安堵の涙で泣き出した。この告白が、二人の結婚生活を守る壁となった。
数年後、ダニエルは若者たちにこう語りました。「悪魔はドアを蹴破る必要はありません。鍵を開けるだけでいいのです。」

聖書の鏡

皆さん、この話は新しいものではありません。ダビデは屋上で水浴びをしているバテシバを見て、一瞥しただけで情欲の扉を開いてしまいました。かつて巨人を殺した王は、情欲に殺されました。彼は自分のものでないものを奪い、契約を破り、それを隠すために嘘をつき、それを隠すためにウリヤを殺害しました（サムエル記下11章）。
その一つの決断は十戒の半分を破りました。
彼は他人の妻を欲しがった（10番目）。
彼は彼女を盗んだ（8位）。
彼は姦淫を犯した（7番目）。
彼はそれを隠すために嘘をついた（9日）。
彼は罪のない人を殺害した（6番目）。
すべては、彼があまりに長く見つめ、あまりに近くに居すぎたせいだ。

貪欲とは、自分のものではないものを欲しがることではなく、神が与えてくださったものが十分であるかどうかを疑うことです。
友人の皆さん、よく聞いてください。あらゆる誘惑は、「あなたはこれに値する」という思いから始まります。しかし、神のタイミングを外れて「値する」ものは、必ずあなたの内面を破壊します。

満足と自己満足

純粋さとは魅力の欠如ではなく、境界線の存在です。
自己満足は「私は十分強い。対処できる」と言います。満足は「神がいれば十分だ。自分を試す必要はない」と言います。
ダニエルの純潔は完璧さからではなく、立ち止まることから生まれた。彼は力を見せつけるために留まるのではなく、契約を守るために逃げた。それがサムソンとヨセフの違いだ。サムソンは留まり、すべてを失った。ヨセフは走り、すべてを見つけた。

反射

私は今、どの「無害な」ドアに近づきすぎているのでしょうか?
私は、自分が対処できると思っている罪を犯しているのだろうか？
私は神の警告のサインを無視できる罪悪感と勘違いしているのでしょうか。

持ち帰り/宣言

「開けようとしない扉は、あなたの運命を守る壁となる。」
友人の皆さん、私の言うことを聞いてください。
罪は行為から始まるのではなく、許すことから始まります。視線を守れば、恵みも守ることができます。そして、神があなたの純潔のために扉を閉ざしたとき、それを叩かず、神に感謝しましょう。

第6章小さな嘘、大きなリーク（欺瞞と誠実さの喪失）

「学生の近道」

マヤはトロントの静かな大学生だった。聡明で規律正しく、常にクラスのトップだった。両親は信念と希望だけを胸にインドから移住してきた。「お前は私たちの明日だ」と父はよく言っていた。
最終学期が近づくにつれ、プレッシャーはさらに増した。成績は奨学金、奨学金は研修医、そして研修医は家族の将来を左右する。彼女は懸命に勉強したが、唯一嫌いな科目である統計学が、彼女を何度も躓かせた。
試験前夜、クラスメイトからメッセージが届いた。「リークされた問題、届いた。参考までに。」
マヤは固まってしまった。「参考までに」なら無害そうに聞こえた。「どんな問題が出るかちょっと覗いてみよう」と自分に言い聞かせた。ダウンロードして、いくつかの問題を読み、ほとんど見ていないと自分に言い聞かせた。
翌日、試験会場で彼女は、自分の用紙に同じ問題が印刷されているのを見た。胸がパニックに襲われた。彼女は急いで書き、1位で終えたが、震えながら試験会場を出た。勝利の喜びではなく、恐怖に震えていた。
一週間後、彼女は学部長室に呼び出された。論文はクラスメイトのサーバーにまで遡り、彼女のデジタルフットプリントも確認できた。マヤの奨学金は取り消された。留年の機会は与えられたが、記録には「学業不正」と記された。
その夜、彼女は寮に座り、鏡に映る自分の姿を見つめていた。「小さな嘘一つで」と彼女は囁いた。「私の本当の全てが漏れてしまったの」
数ヶ月後、彼女は移民の子供たちのための識字センターでボランティアを始めた。ある日の午後、スペリングのテストでカンニングをした12歳の少年に、「君は近道よりずっと良い子だよ」と言った。彼女はかすかに微笑んだ。ついに自分自身にも同じことを言い聞かせていることに気づいたのだ。

聖書の鏡

友よ、小さな嘘は大きな船を沈める。ヤコブは父イサクを欺き、エサウのふりをして祝福を奪おうとした（創世記27章）。彼は何年もの間、その結果から逃げ続けた。名声は得たが、平穏は失った。
アナニアとサッピラは財産を売却し、その利益について嘘をつきました（使徒行伝5章）。彼らは誠実さを欠いた寛大なイメージを狙っていましたが、その物語は悲劇に終わりました。
友よ、よく聞いてくれ。欺瞞は邪悪な心から始まるのではなく、怯えた心から始まるのだ。「これは本当は間違っているのではなく、ただ必要なだけだ」と自分に言い聞かせる。しかし、どんなに半分しか真実を語っても、必ず大きな結果が生まれる。
嘘をつくとき、あなたは事実を歪めるだけでなく、信頼を裏切ることになります。貪欲は責任を負わずに報酬だけを求めます。欺瞞こそが貪欲の言語です。それは第九戒（偽証）に違反するだけでなく、第一戒にも違反します。なぜなら、私たちは神よりも策略を信じ始めるからです。

満足と自己満足

自己満足は「みんなやっていることだから、大したことじゃない」と言います。満足は「汚点を付けて成功するより、誠実さで失敗するほうがいい」と言います。

マヤの回復は隠れることではなく、正直さからもたらされました。彼女が失敗に直面したとき、神は彼女の評判を再建し始めました。友よ、告白は屈辱ではなく、構築です。真実はあなたに今は犠牲を強いるかもしれませんが、永遠に報いを与えてくれます。

反射

自分を良く見せるために「真実を曲げる」誘惑に駆られたことはどこにあっただろうか？
私は本物よりも外見を重視していますか?
私の誠実さは、私にとって、神にとって、そして私を信頼する人々にとって、どれほどの価値があるのでしょうか。

持ち帰り/宣言

「小さな嘘が大きな運命を漏らす。」
友人の皆さん、私の言うことを聞いてください。
誠実さは酸素のようなものです。失って初めて気づくのです。評判を失っても、神はそれを再建することができます。しかし誠実さを失えば、成功さえも窒息してしまいます。真実が揺らいだときでも、真実を貫きなさい。真実は崩れない唯一の土台なのです。

第7章頂点を目指す競争は底辺で終わる（野心、プライド、そして奉仕への呼びかけ）

「大臣の椅子」

クワメ・メンサーは幼い頃から指導者になることを夢見ていました。アクラで育った彼は、よく椅子の上に立ち、「いつかこの国を率いるんだ！」と宣言していました。政治学を学び、学生自治会に参加した彼は、その魅力と先見の明でたちまち有名になりました。
ついに国政に進出した彼は、若き獅子のようだった。鋭敏で雄弁、そして誰にも止められない存在だった。選挙スローガンは「共に立ち上がろう」だった。しかし、就任した途端、他の誰もが屈服する中、彼は躍進を始めた。
その権力は陶酔感に満ちていた。初めて命令を出し、人々が即座に従うのを見た時、心の奥底から「お前にはこれがふさわしい」と囁かれた。やがて、あらゆる会議はリーダーシップではなく忠誠心を、責任感ではなく拍手を問うものになった。彼は他の大臣たちと競い合い始め、より大きなプロジェクト、より大々的な功績、より長い護送隊列を自慢するようになった。
ある日、全国会議でクワメは団結について熱烈な演説を行った。聴衆は歓声を上げ、カメラのフラッシュが光り、顧問たちはそれを「歴史的」と評した。しかし、ステージを降りると、高齢の清掃員がモップバケツを廊下に押し出そうと苦労しているのが見えた。その男性は足を滑らせ、汚れた水がクワメの磨かれた靴に跳ね上がった。
怒りが背筋を駆け巡った。「私が誰だか知っているのか？」と怒鳴った。
老人はただ頭を下げ、「はい、わかりました。あなたは神が人々の命を託した方です」と言った。
その言葉は稲妻のように突き刺さった。

その夜、クワメは眠れなかった。かつて奉仕すると約束した貧しい人々の顔を再び目にした。そして、国が最下層に沈んでいる一方で、自分は頂点を目指してひたすら競争していたことを悟った。彼はベッドの脇にひざまずき、「神様、私を小さくしてください。そうすれば、再び奉仕することができます」と祈った。
数週間後、彼はひっそりと農村部の水資源確保計画を立ち上げた。注目を集めるためではなく、人々の心を癒すためだった。予告なしに村々を訪れ、奉仕の象徴として子どもたちの足を洗うようになった。スタッフは彼が「変わった」と言ったが、真実は、ついに彼が戻ってきたということだった。

聖書の鏡

友よ、野心は悪ではありません。利己的な野心こそが悪なのです。かつて弟子のヤコブとヨハネはイエスのもとに来て、「栄光の中であなたの右と左に座らせてください」と願いました。（マルコ10:35-37）イエスは彼らの偉大さへの欲求を叱責するのではなく、それを再定義されました。「偉大になりたい者は、仕える者でなければなりません。」
ルシファーが堕落したのは才能がなかったからではなく、王座を渇望したからだ。神を反映するのではなく、神の上に立つことを望んだ。頂点を目指す彼の競争は、永遠に底辺で終わった。
友人たちよ、よく聞いてくれ。野心が自己中心的になるたびに、目的が傲慢に取って代わられる。貪欲は所有物を求めるだけでなく、地位も求める。それは第一戒（自己を偶像化すること）と十戒（他人のものを欲しがること）を破る。
ダビデとバテシバ、アハブとナボテのように、自分に与えられていないものを欲しがると、召命による統治をやめ、渇望による統治を始めることになります。そして、その時に王国は崩壊します。

満足と自己満足

自己満足は「他の人にリードさせれば、私は何もしなくてもいい」と言います。利己的な野心は「私以外にリーダーになれる人はいない」と言います。満足は「神が私に望む時、望む場所、望む方法でリードする。そして神がもう十分だと言ったら、私は恵みをもって退く」と言います。
クワメは、リーダーシップとは梯子ではなく、祭壇のようなものだと気づきました。そこに登るのではなく、ひざまずくのです。拍手喝采を責任に変えたとき、彼はかつてないほどのプライドよりも謙虚さによって力強くなったのです。

反射

私は人々に奉仕しているのか、それとも密かに彼らが私に奉仕してくれることを期待しているのか？

私の召命は競争になってしまったのでしょうか？
誰にも気づかれなかったとしても、私は同じことを続けるだろうか？

持ち帰り/宣言

「自分の力で頂上まで登れば、必ず落ちる。しかし、ひざまずいて登れば、必ず立ち上がれる。」
友人の皆さん、私の言うことを聞いてください。
神の王国では、王冠はタオルで作られています。すべてのリーダーはまず召使いであり、すべての王座はまず十字架です。謙虚さを大志とすれば、神は偉大さをあなたの相続財産としてくださいます。

第8章錆びる光るもの（物質主義と精神的豊かさの探求）

「インフルエンサーの幻想」

アミラはガラスと輝きの街、ドバイに住んでいた。彼女は50万人のフォロワーを抱えるライフスタイル・インフルエンサーで、いつも輝いているように見えた。
彼女のオンラインの世界は完璧だった。デザイナーバッグ、屋上でのブランチ、インフィニティプールサイドでの夕日のセルフィー。「夢を生きて」とキャプションにはよく書かれていた。
しかし、オフラインでは家賃の支払いが滞り、クレジットカードは限度額に達し、笑顔は無理やり作られることが多かった。「いいね！」をもらうたびに5秒間の高揚感を味わった後、不安が再び押し寄せてきた。
ショッピングモールでファンに気づいて「本当にラッキーだね。きっと世界で一番幸せな女性だね」と言われた時、アミラは礼儀正しく微笑み、トイレへ行って鍵を閉めて泣き出した。
彼女は何年もかけて、自分の居場所を買おうとしてきた。かつて祈っていた空虚感は、ビジネスプランへと変わっていった。
ある日の午後、「感謝の投稿」を撮影中にカメラのバッテリーが切れてしまった。苛立ちを募らせた彼女は、近くの古い教会に携帯電話を充電しに行った。小さな聖歌隊がリハーサルをしていた。マイクも観客もなく、ただ生の歌声だけが「わが魂は安らかに」を歌っていた。

彼女の心の中で何かが砕け散った。彼女は静かに座り、涙を流した。最初は安堵のため、そして後悔のため。その夜、彼女は何も投稿しなかった。初めて、記録せずに夕日を眺めたのだ。
数週間後、彼女は危機に瀕した女性のためのシェルターでボランティア活動を始め、いいね！ではなく、人々の意識を高めるために写真を撮り始めた。新しい投稿のフォロワー数は減ったものの、彼女の真実はより深くなった。ある日、彼女のキャプションにはこう書かれていた。「かつては光り輝くものを追いかけていた。しかし、決して消えることのない光を見つけるまでは。」

聖書の鏡

友よ、イエスはこう言われました。「自分の宝を地上に積んではいけません。そこでは虫がそれを食い尽くし、さびがそれを食い尽くします。」（マタイ伝6:19）イエスは成功を非難していたのではなく、成功への隷属状態を問題視していたのです。
金持ちの若い支配者は、最初の戒めを除いてすべての戒めを守りました。彼がイエスのもとを去ったのは、信仰が欠けていたからではなく、財産を手放すことができなかったからです。財産が彼を支配していたのです。
アハブはナボテのぶどう園を欲し、ダビデは他人の妻を欲しがった。二人はすでに豊かだったが、心は「もっと」と囁いていた。物質主義は感謝の心が尽きたところから始まる。それは十戒（貪欲）だけでなく、第一戒（偶像崇拝）も破る。なぜなら、金銭は心配を通して崇拝を要求する神となるからだ。

友人の皆さん、よく聞いてください。危険なのは物を持つことではなく、物があなたを支配し始める時なのです。

満足と自己満足

自己満足は「成長する必要はない。今の快適な場所で十分だ」と言います。物質主義は「もっと手に入れた時に初めて幸せになれる」と言います。満足は「成長するだろうが、成長を崇拝することはない。繁栄するだろうが、繁栄に支配されることはない」と言います
。
アミラは平和は商品ではないことを学んだ。彼女は今もメディア業界で働いているが、目的は完璧さを売り込むことから真実を伝えることへと変わった。満足とはまさにそういうものだ。満足とは、野心を失うことなく、野心を取り戻すことなのだ。

反射

私の平和を追い越し続けるものは何だったのでしょうか？
私は贅沢と喜びを混同していませんか？
私の所有物は私の目的に役立っているでしょうか、それとも私が所有物に役立っているのでしょうか?

持ち帰り/宣言

「この世の光り輝くものは錆びるが、感謝の心は決して曇らない。」
友人の皆さん、私の言うことを聞いてください。
車は色褪せ、服は破れ、口座は破綻するかもしれませんが、感謝の気持ちは決して価値を下げるものではありません。光るものを追いかけるのをやめれば、神は輝くものを与え始めます。嵐でも盗まれず、錆びることもない宝物を探しましょう。

第9章条件付き
（操作、制御、そして神のタイミングを信頼することを学ぶ）

「ロビイストの握手」

ワシントンD.C.では、政治は演劇であり、権力こそが決め手となる。エレノア・ジェームズはそれをよく理解していた。彼女は新進気鋭の戦略家だった。場の空気を読み、票をひっくり返し、見出しに残る取引をまとめる女性だった。彼女のモットーは「誰にでも値段はある。それを見つけろ」だった。

彼女は改革という崇高な夢を抱き、選挙活動のボランティアとして活動を始めた。しかし、長年にわたる密室取引やささやきの約束を経て、彼女は暗黙のルールを学んだ。「人をコントロールできないなら、影響を与えろ。影響を与えられないなら、支配しろ。」

30代半ばまでに、エレノアは首都で最も引っ張りだこのロビイストの一人になっていた。彼女の笑顔は扉を開き、彼女の名前は会合の場を確保し、彼女の影響力は議員、ジャーナリスト、そしてCEOたちの間に、目に見えない糸のように伸びていた。世間はそれをネットワーキングと呼び、天国はそれを操作と呼んだ。

そこにブレイク上院議員が現れた。彼女には到底コントロールできない男だった。彼は正直で、地に足が着いた、そして金に糸目をつけていない男だった。彼女がいつものやり方を試そうとした時、彼は彼女の目を見つめて言った。「ジェームズさん、恐怖や好意に基づいて築かれた影響力は、真実が部屋に入ってくれば必ず崩れ去ります。」

その夜、彼の言葉が彼女の頭の中でこだました。彼女は若い研修医時代に初めて祈ったことを思い出した。「主よ、私を用いて暗闇に光をもたらしてください。」いつの間にか、彼女は照明をレバーに取り替えていた。
数週間後、彼女の取引の一つが裏目に出た。流出したメールから、彼女が私利私欲のために法律を操作していたことが明らかになったのだ。一夜にして彼女の評判は地に落ちた。見出しは彼女を「コントロールの女王」と呼び、友人は姿を消し、電話も鳴らなくなった。
その後の沈黙の中、エレノアはジョージタウンのアパートに一人座り、涙ながらに囁いた。「神様、もう糸を握り続けるのは疲れました。手放すことを教えてください。」
数ヶ月後、彼女は政治腐敗ネットワークから女性たちを脱出させる支援を行う小さな非営利団体でボランティア活動を始めました。そこで彼女は、真の影響力とは人脈を操ることではなく、重荷を軽くすることだと学びました。彼女はパワースーツを謙虚さに変え、どんな取引でも買えない平穏を見つけました。

聖書の鏡

友人の皆さん、操作は偽りの信仰です。それは神がその時に自由に与えてくださったものを強制しようとする試みです。
サラはハガルをアブラハムに与え、神の約束を「果たす」ために「助けよう」としました（創世記16章）。その結果は？苦しみ、分裂、そして世代間の緊張です。ヤコブはエサウの祝福を盗むために変装した時に同じことをしました（創世記27章）。彼は長子の権利を得ましたが、家を失いました。ゲハジはナアマンの贈り物を追いかけ（列王記下5章）、らい病によって純潔を失いました。
それぞれが、運命をより早く動かすことができると信じていた。そして、支配には常に平和が犠牲になることを知った。
友よ、よく聞いてくれ。操作は信頼以上のものを壊す。第一の戒めを破るのだ。なぜかって？それはあなたを神の玉座に座らせ、自分の道の方が賢明で、速く、安全だと信じさせるからだ。しかし、欺瞞によって築かれた運命は、神の目的の重みに耐えることはできない。

満足と自己満足

自己満足は「ただ待って何もしない」と言います。満足は「正しいことを行い、結果は神に委ねる」と言います。
エレノアはコントロールを手放した時、受動的になったのではなく、平穏な心を持つようになった。従順とは何もしないことではなく、行動の最高の形であることを学んだ。信仰を持って待つことは弱さではない。

反射

私は神が何かをもたらしてくださると信じる代わりに、何かを起こそうとしてきたのでしょうか。

わたしは影響力を祝福するために使いますか、それとも束縛するために使いますか。
神のタイミングが依然として完璧であると信じたら、何が変わるでしょうか?

持ち帰り/宣言

「あなたが糸を引くのをやめると、神は奇跡を起こし始めます。」
友人の皆さん、よく聞いてください。
コントロールしたいという欲求は、あなたが信頼を失っている証拠です。糸を放ち、神に戦略を委ねましょう。神が扉を開いてくださるとき、あなたに必要なのは取引ではなく、ただ従順さだけなのです。

第10章 –あなたのものではなかったブドウ園（抑圧、不正、そして権力への渇望の代償）

「農夫と知事」

ナイジェリア北部、マラム・ユスフという名のつつましい農夫は、父の遺産であるブドウ園を所有していました。彼にはそれほど多くのものはありませんでした。トタン屋根の家、ロバ、そしてブドウの木に水をやるのを手伝ってくれる3人の子供がいました。しかし、収穫期になると、ユスフは土にひざまずき、こう囁きました。「神様、この土地をありがとうございます。小さいかもしれませんが、私のものです。」
その年、新たな知事が選出された。チーフ・アデワレというカリスマ性のある人物で、壮大なプロジェクトと、さらに壮大な約束で有名だった。彼は贅沢を愛し、自分の州をドバイのような場所にしたいと考えていた。側近がユスフのブドウ園の前を車で通り過ぎたとき、彼はこう言った。「新しいリゾートにぴったりの土地だ。権利書をくれ」
ユスフが先祖代々の土地だと言って売ることを拒否すると、総督は微笑んで「誰にでも値段はある」と言いました。しかし、ユスフの答えは簡潔でした。「殿、私の労働は受け取っていただけますが、父の祝福はいただけません」
数週間のうちに、政府職員が「公共開発権」を主張する書類を持って現れた。ユスフは土地から追い出された。ブルドーザーが押し寄せ、ブドウの木はコンクリートの下敷きになった。
数ヶ月後、知事のプロジェクトは華々しくスタートしたが、その後すぐに奇妙な出来事が起こり始めた。金融スキャンダル、壁の崩壊、投資家の撤退などだ。年末までにリゾートは廃墟となり、門はハルマッタンの強風で錆びついていた。
親戚の家に暮らしていたユスフは、今もかつての畑の前を通り過ぎて祈りを捧げていた。「主よ」と彼は静かに言った。「私は彼を赦します。しかし、高慢な者たちに、あなたが与えなかったものは、持ち続けることはできないと気づかせてください。」

聖書の鏡

皆さん、この話は列王記上21章にまで遡ります。アハブはナボテのぶどう園を欲しがりました。ナボテは「主よ、決して先祖伝来の土地をあなたに譲ることは許されません」と断りました。アハブは不機嫌になり、イゼベルはそれを奪おうと陰謀を企て、嘘をつき、殺人を犯しました。しかし、預言者エリヤはアハブの前に立ち、「あなたは殺人を犯し、さらに土地まで奪ったのか」と宣言しました。
神の裁きは速かった。ナボテの血を舐めた犬が、アハブの血も舐めるのだ。ぶどう園は貪欲の墓場と化した。
友よ、よく聞いてください。貪欲とは、単に物欲を抱くことではなく、自分のものではない力を求めることです。腐敗した指導者、策略家の上司、嫉妬深いライバルは皆、アハブの悲劇を再現しているのです。他人のものを奪いながら、自分のもの、つまり神の恵みを失っているのです。

貪欲は財産で終わるのではなく、罰で終わるのです。

満足と自己満足

自己満足は「私は正義のために戦うつもりはない」と言います。満足は「私は神が私に与えてくれたものを尊重し、誠実に守ります」と言います。
ユスフは受け身ではなく、信念を貫きました。利益のために平和を売ることを拒否しました。私たちが自分の畑——誠実さ、使命、家族——を守ることを学ぶとき、誰にも押し通すことのできない祝福を引き寄せることができるのです。

反射

私は他人のものを手に入れようとしているのだろうか？
自分にとって利益があるからという理由で不正を正当化したことがありますか？
どうすれば、苦々しい思いをせずに真実を守れるでしょうか？

持ち帰り/宣言

「神から与えられたものでなければ、欲張って保持することはできない。」
友人の皆さん、私の言うことを聞いてください。
決して他人のぶどう園を羨んではいけません。自分のぶどう園を信仰を持って植えなさい。正直の実は腐敗の饗宴よりも長く続きます。そして感謝の気持ちで守っている土地は、いつの日か何世代にもわたって食料となるでしょう。

第11章恩知らずの心の音（恩知らず、崇拝、そして天国の沈黙）

「目的を忘れた礼拝チーム」

サンパウロにある活気あふれる教会「カサ・デ・ルス」は、わずか数年で50人から数千人にまで信者を増やしました。彼らの礼拝チームは有名で、照明、ハーモニー、賛美歌はYouTubeやブラジル各地のフェスティバルで広く視聴されました。

中心にいたのは、才能あるギタリストであり、礼拝リーダーでもあるラファエルだった。彼は神を深く愛していたが、観客が増えるにつれ、何かが微妙に変化し始めた。チーム練習は競技会のリハーサルへと変わり、新曲はすべてオンラインでの再生回数で審査された。彼らはもはや天に向かって歌っているのではなく、地上のために演奏しているのだ。
ある日曜日の朝、ラテンアメリカ全土に放送される礼拝を司っていたとき、突然音響システムが故障しました。マイクは切れ、楽器はミュートされ、何千人もの人々が気まずい沈黙の中で見守っていました。
ラファエルは凍りついた。パニックに陥った。しかしその時、後ろの方から、年配の女性が静かに歌い始めた。音程は外れているが、情熱的な歌声だった。
「セニョール、トゥ・エス bom , eo Teu amor dura para sempre…」

（主よ、あなたは善良で、あなたの愛は永遠に続きます。）
やがて他の人たちも加わり、会衆は聖歌隊となった。目に涙が溢れ、ビートもベースもないまま手が上げられた。それは生々しく、磨きがかかっていない、そして神聖だった。
礼拝後、ラファエルは舞台裏に座り、「音楽は消えたけれど、礼拝は見つかった」とささやいた。マイクが壊れるずっと前から感謝の気持ちは消えていたと彼は気づいた。神はただ沈黙を通してそれを示したのだ。
その日、彼はチームを集めてこう言いました。「私たちは承認を得るために歌うのをやめます。主がまだ私たちに息を与えてくださるからこそ、私たちは歌います。」

聖書の鏡

友よ、心から感謝の気持ちが消え去ると、崇拝は響きを失います。
ルカ17章では、10人のらい病人が憐れみを乞い叫びました。イエスは彼ら全員を癒されましたが、感謝をささげるために戻ってきたのはたった一人だけでした。そして彼は癒し以上のもの、すなわち完全な状態を与えられたのです。9人が奇跡を受け、1人が主を受けました。
イスラエルもこのパターンを知っていました。神は海を分け、マナを降らせ、岩から水を湧き出させましたが、彼らは「エジプトが恋しい」と不平を言いました。恩知らずの心は彼らの賛美を弱め、約束を遅らせました。
友よ、よく聞いてください。感謝することをやめると、私たちは沈み始めます。感謝は礼儀作法ではなく、霊的な戦いです。感謝は心を柔和に保ち、天を開き、魂を神の旋律と調和させます。
貪欲は「もっと欲しい」と言い、
恩知らずは「持っているだけでは足りない」と言います。どちらも神の座を奪い、自己を座に押し上げます。だからこそ、恩知らずは第十戒だけでなく、第一戒も破るのです。

満足と自己満足

自己満足は「少なくとも何かやっている」と言います。満足は「なぜこれをやっているのかを思い出そう」と言います。
ラファエルの復活は名声や輝きによってもたらされたのではなく、沈黙と謙虚さによってもたらされたのです。感謝の気持ちが戻ると、栄光が訪れました。神は完璧さを求めません。神は姿勢を求めます。拍手喝采を追い求めるエゴではなく、畏敬の念に打たれた心です。

反射

私は礼拝をパフォーマンスに変えてしまっただろうか？
私は神がどのような方であるかを祝福しているだろうか、それとも神が与えてくださるものだけを祝福しているだろうか。
私がかつて祈ったことに対して最後に神に感謝したのはいつだったでしょうか。

持ち帰り/宣言

「感謝は騒音を崇拝に変え、恩知らずは崇拝を騒音に変えます。」
友人たちよ、私の言うことを聞いてください。
天国は今でも感謝の気持ちに応えてくれます。もし歌を歌えなくなったのなら、まずは「ありがとう」を言うことから始めてください。感謝の気持ちは空気を満たすだけでなく、王座の間まで満たすからです。

第12章走ってもどこにも行けない（落ち着きのなさ、忙しさ、そして平和の贈り物）

「呼吸を忘れたエンジニア」

健司は東京でロボット工学のエンジニアとして働いていた。優秀で、規律正しく、尊敬されていた。29歳で、日本を代表するIT企業の一つに勤め、「生活を楽にする」ことを目的としたヒューマノイドAIの開発に携わっていた。皮肉なことに、彼自身の生活は日に日に困難を増していった。

彼は午前5時に起き、2時間かけて通勤し、14時間働き、深夜過ぎに帰宅した。冷蔵庫はエナジードリンクでいっぱいで、アパートは未開封の郵便物で溢れていた。両親とは数ヶ月も口をきいておらず、聖書はコーディング用のノートパソコンの横で埃をかぶっていた。

同僚になぜそんなに一生懸命働くのかと聞かれると、彼は微笑んでこう答えた。「僕が頑張らなければ、他の誰かに追い抜かれてしまうよ」。彼は昇進を追い求めていたのではなく、無関係になることから逃げていたのだ。

ある夜、プロジェクトの締め切りに追われて40時間ぶっ通しで作業した後、健二は机の上で気を失ってしまった。病院のベッドで目を覚ますと、看護師が優しく言った。「ここ数週間、毎日3時間しか寝ていないのね。キャリアよりも先に体が崩れ落ちたわ」
腕に点滴チューブが入ったまま横たわったケンジは、天井を見つめてつぶやいた。「神様、僕は一体何をしているんだろう？ 疲れない機械を作ったのに、僕自身が疲れてしまったんだ。」
翌週、彼は病気休暇を取得した。毎朝、上野公園を散歩し、通知音ではなく鳥のさえずりに耳を傾けるようになった。ある日、鳩に餌をやりながら賛美歌を口ずさんでいる老人に気づいた。
「静まれ、私の魂よ。主はあなたの味方である。」
賢治は老人の隣に座り、「こんなに慌ただしい世の中で、どうしてそんなに落ち着いて生きていられるんですか？」と尋ねた
。老人は微笑んだ。「神よりも先を行くのをやめたんです。」
その日、賢治はロボット工学の新しいアイデアを見つけたのではなく、生きるための新しいリズムを見つけたのです。

聖書の鏡

友よ、落ち着きのなさは生産性ではなく、間違ったアイデンティティです。マルタは、マリアがイエスの足元に座っていることに不満を漏らした時に、そのことを知りました（ルカ10:38-42）。イエスはこう答えました。「マルタよ、あなたは多くのことに心を煩わせ、心を乱している。しかし、必要なことは一つだけだ。」
アベルを殺した後、落ち着きを失ったカインは地上をさまよう者となりました。不安に駆られたサウル王は、神ではなくダビデを追いかけました。ペテロでさえ

、イエスに失望した後、「漁に行く」と言いました。彼は使命もなく動き始めましたが、イエスが再び平安をもって彼と出会うまでは。
友人の皆さん、よく聞いてください。忙しさは必ずしも従順とは限らないのです。忙しくても、目的からは程遠いこともあるでしょう。神のために働いていても、神と共に歩んでいないこともあるのです。
落ち着きのなさは第一の戒律を破ります。つまり、仕事を神としてしまうのです。「もし私がやめたら、すべてが崩壊してしまう」と。しかし、平安は「もし私がやめたら、神がすべてをまとめてくれる」と語ります。

満足と自己満足

自己満足は「もう気にしない」と言います。満足は「神のご加護に身を委ねます」と言います。
賢治は野心を捨てたのではなく、それを再定義した。安息日は一日ではなく、姿勢だと学んだ。休んでいる間も天は働き続けていると信じることだ。
神に導かれた満足感は、意欲を奪うのではなく、むしろ方向性を回復させます。罪悪感に苛まれるのではなく、優雅に歩むことを教えてくれます。

反射

私は平和から働いているのか、それとも平和のために働いているのか?
私は疲労を優秀さと勘違いしているのでしょうか?

私が最後に、神のために何かをするのではなく、ただ神と共にいるためにペースを落としたのはいつだったでしょうか。

持ち帰り/宣言

「もし悪魔があなたに罪を犯させることができないなら、あなたを忙しくさせるだろう。」
友人の皆さん、私の言うことを聞いてください。
神の平和とは、活動がない状態ではなく、調和がある状態です。心臓の鼓動が天のリズムと一致するまで、ペースを落としてください。なぜなら、時には、前進するための最も速い方法は、ついに走るのをやめることだからです。

第13章心の王座
（偶像崇拝、満足、そして内なる闘い）

「初恋を失った牧師」

アトランタで、マイケル牧師は急速に成長を遂げる教会を率いていました。それは静かに始まりました。自宅のリビングルームで、15人の信徒が集まり、簡素な礼拝、裸足での説教、そして燃えるような祈りの心で始まりました。彼は神の御前で容易に涙を流し、病人を見舞い、羊飼いのように羊の群れを導き、まるで羊の鼓動一つ一つを感じ取っていました。
しかし教会が大きくなるにつれて、騒音も大きくなってきました。
照明。ブランディング。ライブストリーム。招待状。書籍の取引。カンファレンス。カメラ。複数拠点の拡張。
牧師の活動は拡大したが、彼の心は縮んでいった。
ある日、大規模な牧師会議で、同僚が彼を、信者数がちょうど 5 万人を超えた教会の有名な牧師に紹介しました。
「それが私たち全員が信じているレベルです」と友人は言った。
マイケルは礼儀正しく微笑んだが、心の中では何か歪んだものがあった。**それは「神聖なインスピレーション」を装った嫉妬の種だった。**
当初、その変化は微妙なものでした。

彼の説教は、聖書に関する部分は短くなり、戦略に関する部分は長くなった。
影響力について語る部分が増え、親密さについて語る部分は減った。評価基準について語る部分が増え、慈悲について語る部分は減った。舞台での存在感は増し、秘密の祈りは減った。
ある晩、大きな放送イベントを終えたマイケルは、誰もいない礼拝堂に残った。カメラは沈黙の証人のようにブンブンと音を立てていた。マイケルは10年前に教会を奉献したまさにその場所にひざまずいた。
「主よ…私に何が起こったのですか？」
雷鳴も
声も聞こえない。ただ記憶だけ。
礼拝中に泣きながら、裸足の若者がささやく。
「イエス様…たとえ誰も私の名前を知らなくても、あなたの名前を知ってください。」
涙があふれた。彼は高価な靴を脱ぎ、スーツのジャケットを脱ぎ捨て、まるで王冠を捧げるように説教壇に置き、ささやいた。
「神様…**あなたの**教会を取り戻してください。」
次の日曜日、彼は照明もスポンサーもライブ配信もなしで説教した。
ただ悔い改め、ただ真実、ただイエスを。
人々は泣きました。
去る人もいましたが、ほとんどの人は残りました。教会は小さくなりましたが、より深くなりました。静かになりましたが、より神聖になりました。有名ではなくなりましたが、より実り多いものになりました。
マイケルは真実を再発見した。
キリストを中心に奉仕の道を築くこと
も、自分自身を中心に奉仕の道を築くこともできますが、両方を同時に行うことはできません。

聖書の鏡

友人たちよ、これはすべての魂が閉じなければならない輪です。
あなたの心の王座に本当は誰が座っているのでしょうか?
神が王座から退くと貪欲が始まります。
第十戒はこう言っています。
「あなたはむさぼってはならない。」
第一の戒律はこう述べています。
「わたしのほかに、何ものをも神としてはならない。」
10 番目を破れば、すでに 1 番目を破ったことになります。
なぜなら**、あなたが切望するものは、あなたが崇拝するものになるからです。**
ダビデの放浪心はバテシバを偶像に変え、
アハブの貪欲はナボテのぶどう園を神に変え、パリサイ人の傲慢さは宗教を偶像に変え、ペテロとヨハネの比較は信仰を一時的に失わせた。
友人の皆さん、聞いてください。
偶像は必ずしも金色の像ではなく、
時には黄金の野望である。
あなたが手放すことのできないもの、
たとえ「良い」ものであっても、それはすでにあなたの神になっています。
偶像崇拝は、法を破る前に心を傷つける。
「…したら幸せになれる」

と囁きながら
、決して言葉は終わらない。

満足と自己満足

自己満足とは、
「火がなくても大丈夫」と言うことです。
満足とは、
「私は十分に持っているが、神を求めることをやめない」ということです。
マイケル牧師は牧師職を辞めたのではなく、それを浄化したのです。
真の成功とは、より大きな拍手喝采ではなく、より深い献身であることを彼は学びました。
キリストが統治する場所：

- 野心は奉仕になる
- 富は管理になる
- 影響力は仲裁になる
- 奉仕は礼拝になる

神が心を支配するとき、他のすべては正しい位置を見つけます。

反射

- 私の心の王座に本当は誰が座っているのでしょうか。キリストでしょうか、それとも失うことを恐れている何かでしょうか。

- 私は祝福を偶像に変えてしまったのでしょうか？
- もし神が私にそれを捨てるように言ったら、私はまだ神を善良な者と呼べるだろうか？

持ち帰り/宣言

「あらゆる偶像は親密さを奪う。心の中にいる王はただ一人だけだ。」
聞いてください、友人たちよ。
これはあらゆる時代の戦争です。国家間の戦争ではなく、
*心の中の*戦争です。
あなたを惑わすものを退け、
あなたを形作った御方を再び王座に就け。
キリストが中心に座るとき、
比較は消え、貪欲は消え、嫉妬は消え、平和が支配します。
なぜなら、最も偉大な勝利は外側で征服するものでなく、内側で
誰に屈服するかだからだ。

結論 — 心の最後の呼びかけ

、比較、嫉妬、欲望、野心、欺瞞、恩知らず、物質主義、操作、落ち着きのなさ、隠れた偶像崇拝という12の戦場を旅してきました。

さて、この質問は単純かつ永遠のものです。

これらの戦いのうちどれをあなたは自分の心の中で認識しましたか?
あなたはどの扉を開けましたか？
どの欲望を許しましたか？どんな偶像を抱きましたか？どんな偽りの満足感があなたを欺きましたか？
このメッセージは情報提供のために書かれたのではなく、
変革のために書かれたのです。
30 日以上の祈り、瞑想、自己省察、悔い改め、従順が必要でした。それによって神は、**あなたの中に変化を起こすきっかけを与えられるのです。**
この鏡から何も変わらないまま立ち去らないでください。
ダビデのように祈りましょう。
「神よ、わたしを探り出してください…」（詩篇139:23）
サムエルがサウルに言ったように、
「従順は犠牲よりも良い。」（サムエル記上15:22)
何百万人もの人々が年末の感謝祭の準備をしていますが、覚えておいてください。
神は従順から生まれない感謝祭を受け入れません。

主に立ち返りなさい。
心の王座を整えなさい。今日から根本的な改革を始めましょう。
聖霊の力により、偽りを拒絶し、貪欲に立ち向かい、日々主と共に歩む喜びを受け入れることができますように。

最終宣言

大胆に宣言します。

- 私は、野心、貪欲、嫉妬、恐怖、自尊心、比較など、心のあらゆる偶像を放棄します。
- 私は不平よりも感謝を、競争よりも満足を、心配よりも崇拝を選びます。
- イエス様は私にとって十分であり、私の分であり、私の平安であり、私の満足であると宣言します。
- 私の心は正当な王のもとに戻ります。
- 私の人生の王座はキリストだけのものなのです。

閉会の祈り

主よ、心の王座をあなたにお返しします。
欲望のために開いた扉、感謝を沈黙させた比較、抱いていた偶像を一つ一つ赦してください。平安のうちに歩み、貪欲にならずに成長し、利己心なく仕えることを教えてください。私の人生が、
あなただけが価値ある存在であるという真理を響かせますように。
アーメン。

サイン
シャローム！
大使マンデー・O・オグベ、ザカリアス・ゴッドシーグル、コンフォート・ラディ オグベ・
ゴッズ・イーグル・ミニストリーズ (GEM)
https://www.otakada.org
神の言葉を諸国に広め、一つずつ人生を変えていく。キリスト・イエスにあって一つ。壁も国境も宗派もない教会。

心の王座、貪欲、比較、満足、偽りの満足、キリスト教の教え、貪欲に関する説教、信心深さと満足、十戒、偶像崇拝、ダビデとバテシバ、アハブとナボテ、嫉妬と目的、貪欲と寛大さ、キリスト教の悔い改め、犠牲ではなく従順、心の変化、アンバサダー・マンデーオグウォジョ オグベ、ゴッズ・イーグル・ミニストリーズ、大高田、キリスト教の弟子、霊的成長、キリスト教の性格、神聖さ、感謝のメッセージ、年末のメッセージ

キリストと共に生まれ変わり、新しい人生を始める方法

あなたは以前イエスと共に歩んだことがあるかもしれませんし、あるいはこの40日間を通してイエスに出会ったばかりかもしれません。しかし今、あなたの内側で何かが動いています。
あなたは宗教以上のものを受け入れる準備ができています。
人間関係を築く準備ができています。
「イエス様、私はあなたが必要です」と言う準備ができています。
真実はこうです。
「すべての人は罪を犯し、神の栄光の基準に達しないからです。しかし神は、恵みによって、私たちを神の前に義としてくださいます。」
-ローマ人への手紙3章23～24節（NLT）
救いは勝ち取ることはできません。
自分自身を直すこともできません。しかし、イエスはすでにすべての代価を支払ってくださり、あなたを家に迎え入れるのを待っておられます。
生まれ変わる方法
新しく生まれるということは、自分の人生をイエスに捧げることを意味します。つまり、イエスの赦しを受け入れ、イエスが死んで復活したことを信じ、イエスを自分の主であり救い主として受け入れるということです。
それはシンプル。それは強力。それはすべてを変える。
声に出して祈ってください:

主イエス様、あなたが神の御子であると信じます。あなたが私の罪のために亡くなり、復活されたと信じます。私は罪を犯したことを告白し、あなたの赦しを必要としています。今日、私は悔い改め、古い生き方から離れます。あなたを私の人生に招き、私の主、救い主としてくださいます。私を清めてください。あなたの御霊で私を満たしてください。私は生まれ変わり、赦され、自由であると宣言します。今日から、私はあなたに従い、あなたの足跡をたどります。私を救ってくださり、感謝します。イエス様の御名によって、アーメン。

救われた後の次のステップ

1. **誰かに伝える**- 信頼できる信者にあなたの決断を伝えましょう。
2. **聖書に基づいた教会を見つけましょう**。神の言葉を教え、それを実践するコミュニティに参加しましょう。God's Eagleミニストリーのウェブサイト（ https://www.otakada.orgまたは https://chat.whatsapp.com/H67spSun32DDTma8TLh0ov）をご覧ください。
3. **洗礼を受ける**- 信仰を公に宣言する次のステップを踏み出しましょう。
4. **毎日聖書を読んでください**。ヨハネによる福音書から始めましょう。
5. **毎日祈りましょう**- 友人として、また父親として神に話しかけましょう。
6. **つながりを保つ**- 新しい歩みを奨励してくれる人々に囲まれてください。
7. **コミュニティ内で弟子訓練のプロセスを開始**- これらのリンクを通じてイエス・キリストとの一対一の関係を築きます

40日間の弟子訓練 1 - https://www.otakada.org/get-free-40-days-online-discipleship-course-in-a-journey-with-jesus/
40日間の弟子訓練 2 - https://www.otakada.org/get-free-40-days-dna-of-discipleship-journey-with-jesus-series-2/

私の救いの瞬間

日付：＿＿＿＿＿＿＿＿＿＿＿＿＿＿＿＿＿＿

サイン：＿＿＿＿＿＿＿＿＿＿＿＿＿＿＿＿

「キリストに結ばれている人は、新しく造られた者です。古いものは過ぎ去り、新しいものが生じたのです。」

–コリント人への手紙二 5:17

キリストにおける新しい命の証明書

救いの宣言 - 恵みによって生まれ変わる
これは、

____

（フルネーム）
イエス・キリストを主であり救い主であると信じる信仰を
公に宣言し、イエスの死と復活を通して救いの無償の賜物を受け取りました。
「もしあなたが、イエスが主であることを告白し、神がイエスを死者の中から復活させたと心で信じるなら、あなたは救われるのです。」
-ローマ人への手紙10章9節（NLT）
この日、天国は歓喜し、新たな旅が始まります。
決定日：________________________

サイン：______________________________

救済宣言
「今日、私はイエス・キリストに私の人生を捧げます。
主が私の罪のために亡くなり、復活されたことを信じます。私は主を私の主、救い主として受け入れます。私は赦され、生まれ変わり、新しくされました。この瞬間から、私は主の足跡を辿ります。」
神の家族へようこそ！

あなたの名前は小羊の生命の書に記されています。
あなたの物語は始まったばかりです。そしてそれは永遠です。

ゴッズ・イーグル・ミニストリーズとつながる

- ウェブサイト：www.otakada.org
- 心配事を超えた富シリーズ：www.wealthbeyondworryseries.com
- メールアドレス：ambassador@otakada.org

- **この作品をサポートする：**

契約に基づいた寄付を通じて、王国のプロジェクト、ミッション、無料のグローバルリソースをサポートします。

QRコードをスキャンして寄付する

https://tithe.ly/give?c=308311

皆様のご厚意は、より多くの人々に福音を伝え、資料を翻訳し、宣教師を支援し、世界中で弟子育成システムを構築する上で役立っています。ありがとうございます！

著者略歴

ザカリアス・ゴッドシーグル

著者・教師・先見の明のあるリーダー
ザカリアス・ゴッドシーグルは、聖書を熱心に教える教師であり、キリストの御体である教会に洞察力のある声を届ける人物です。霊的な洞察力に恵まれたザカリアスは、明晰さと預言的な深みをもって説教を行い、信者が清らかさ、敬虔さ、そしてキリストへの真の献身のうちに歩むことを切に願う熱い思いを抱いています。
ゴッズ・イーグル・ミニストリーズ（GEM）の活動における協力者として、弟子訓練コンテンツ、聖書に基づく啓蒙、そしてデジタルとリアルの境界を越えて人々の人生に触れるメディアを通じたアウトリーチの形成において重要な役割を果たしています。彼の著作は、内なる変容、従順、そしてキリストを信者の心の王座に回復することに焦点を当てています。
、心が一つになれば運命も一つになるという
シンプルな信念に突き動かされています。彼は、教え、メンターシップ、そして聖霊に満ちた創造的なプロジェクトを通して、世界中の人々に感動を与え続けています。

オグベ大使

著者・宣教師コミュニケーター・ゴッズ・イーグル・ミニストリーズ（GEM）創設者

オレオジョ大使 オグウォジョ オグベ氏は、**ゴッズ・イーグル・ミニストリーズ（GEM）**の創設者です。これは、「神の言葉を通して人々を神と繋ぐ」という使命を掲げる世界的なミッションです。真実への強い情熱、感動的なストーリーテリング、そして預言的な教えで知られるオグベ氏は、執筆、ポッドキャスト、映画制作、デジタル伝道、そして弟子訓練を通して、世界各地で宣教活動を行っています。
リーダーシップ、メディア、そして宣教の分野で経験を積んだアンバサダー・マンデーは、アフリカからアジア、アメリカ大陸、ヨーロッパ、そして中東に至るまで、異文化に通じる油注ぎを携えています。彼の教えは、信者の心の隠れた闘い、すなわち貪欲、アイデンティティの葛藤、霊的な自己満足、そして神との親密さの微妙な浸食に立ち向かいます。
彼は数多くのデボーション、書籍シリーズ、そしてマルチメディア教材の著者であり、otakada.orgとGEMのデジタルプラットフォームを通じて何百万人もの人々に届けられています。
彼の人生におけるメッセージはシンプルでありながら深い意味を持っています。
「キリストが中心に座るとき、他のすべては正しい位置を占める。」

コンフォート・ラディ オグベ

著者 ・ 執り成しをする人 ・ 宣教の協力者
コンフォート・ラディ オグベは、ゴッズ・イーグル・ミニストリーズの王国奉仕における執筆者、執り成しの働き手、そして協力者です。慈悲深さ、洞察力、そして育む精神に恵まれた彼女は、関わるすべてのプロジェクトに感情の深みと霊的な基盤をもたらします。
彼女の貢献は、しばしば舞台裏で、謙虚さ、知恵、そして癒しの香りを漂わせています。カウンセリング、祈り、弟子訓練、そして創造的な協働を通して、特に家族の修復、霊的成熟、そして心の変化を強調する活動を通して、人々に慰めを与えています。
著者として、彼女は生きた経験と精神的な信念に基づいて執筆し、読者にキリストにおける完全性を追求するための明快さ、慰め、励ましを提供しています。
コンフォートは、信者が知識だけでなく日々の生活の中で神を体験し、心が信頼し、服従し、繁栄することを学ぶのを助けることに尽力しています。

著者ページ:
https://www.amazon.com/stores/Zacharias-Godseagle/author/B0FCZ89D4K

おすすめの書籍とリソース

ピルグリムコード：AI覚醒

電子書籍- https://www.amazon.com/Logos-Protocol-Awakening-artificial-intelligence-ebook/dp/B0FXNQFSWZ

ペーパーバック - https://www.amazon.com/Logos-Protocol-Awakening-artificial-intelligence/dp/B0FXNGR66D

ハードカバー - https://www.amazon.com/Logos-Protocol-Awakening-artificial-intelligence/dp/B0FZNTQR6Y

ペーパーバックIngramspark - https://shop.ingramspark.com/b/084?params=QkK4aNYTY09U5z9u0kdHgc7Ue1eGDLqbb1tz9WRPaSk

救出が失敗する理由 ― そして神の炎がどのように魂を回復させるか：全面的な救出のための40の日々の宣言

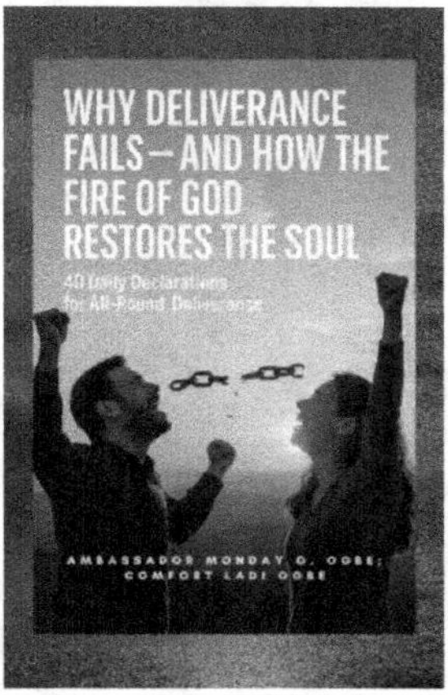

電子書籍- https://www.amazon.com/Why-Deliverance-Fails-Declarations-All-Round-ebook/dp/B0FW74L4G4

ペーパーバック - https://www.amazon.com/Why-Deliverance-Fails-Declarations-All-Round/dp/B0FWB3LXRM

救われたが失われた者 —弟子にならなかった改宗者
— 25の言語に翻訳

ペーパーバック
https://shop.ingramspark.com/b/084?params=iYNB6S3PLMfREpm0jMM15bMe3BvW1kjcYyLYnHVGAds
電子書籍- https://www.amazon.com/SAVED-BUT-LOST-UNDISCIPLED-heartbreak-ebook/dp/B0FVJ29DF7

7日間の霊的戦いと回復 - これはパート1です

敵を縛り、矢を七倍返し、運命を回復する

https://shop.ingramspark.com/b/084?params=8mPzqU173Ex7uPye07ydyt8EGkkB6u2gX1jZvWU8j1C

電子書籍リンク - https://www.amazon.com/DAYS-SPIRITUAL-WARFARE-RECOVERY-Returning-ebook/dp/B0FMPJM5KZ

7日間の霊的戦いと回復 - パート2 - 勝利を確定し、家庭の邪悪を打ち破り、回復された運命を守る

ペーパーバック - https://shop.ingramspark.com/b/084?params=LkpNmGSsApHhWhiSO7bW3wFmcXQKIO4ZEBeSbP5rL1S

電子書籍- https://www.amazon.com/DAYS-SPIRITUAL-WARFARE-RECOVERY-Wickedness-ebook/dp/B0FR9YCMY8

闇から支配へ：闇の隠れた支配から解放される40日間

-

気づき、解放、そして力のための世界的な祈り -自由になる準備ができている個人、家族、そして国家のために

ペーパーバック

https://shop.ingramspark.com/b/084?params=aVgp21QfwJxNANkfMxIQ0yejuFCVY12KFr978SRkZUD

Amazonリンク - https://www.amazon.com/DARKNESS-DOMINION-Devotional-Awareness-Deliverance-ebook/dp/B0FLDH2Y67

- *闇の力から解放される（ペーパーバック）* –
  こちらから購入| Amazonの電子書籍

  - **米国からのトップレビュー:**
    - **Kindle カスタマー**: 「これまで読んだ中で最高のキリスト教書です!」 (5 つ星)

この証しをくださったイエス様を賛美します。私は本当に祝福を受けました。この本を皆様にぜひ読んでいただきたいと思います。罪の報いは死ですが、神の賜物は永遠の命です。シャローム！シャローム！

    - **Da Gster** :「これは非常に興味深く、そしてかなり奇妙な本です。」(5つ星)

この本に書かれていることが真実なら、私たちは敵の能力にはるかに遅れをとっていることになります。…霊的な戦いについて学びたい人にとっては必読です。

    - **Visa** :「この本が大好きです」(5つ星)

これは目から鱗が落ちる…本当の告白…最近、これを買おうとあちこち探し回っていたんです。Amazonで買えて本当に嬉しいです。

- **FrankJM** ：「かなり違う」（4つ星）

この本は、霊的な戦いがいかに現実のものかを思い出させてくれます。また、「神の武具」を身に着ける理由も思い起こさせてくれます。

- **JenJen** ：「天国に行きたい人はみんなこれを読んで！」（5つ星）

この本は私の人生を大きく変えました。ジョン・ラミレスの証と合わせて読むと、信仰を違った視点で見つめることができるでしょう。もう6回も読みました！

- *元サタニスト：ジェームズ・エクスチェンジ*（ペーパーバック）–購入はこちら| Amazonの電子書籍

- ***アフリカの元悪魔主義者の証言*** *- ジョナス・ルクントゥ・ムパラ牧師（ペーパーバック）-* 購入はこちら| Amazonの電子書籍

- *グレーター・エクスプロイツ 14（ペーパーバック）-*こちらから購入| Amazonの電子書籍

- *Out of the Devil's Cauldron』* – Amazonで購入可能
- *『捕虜を解放するために来たのは彼だ』* – Amazonで探す

著者が出版した他の書籍 - 1000タイトル以上

『愛され、選ばれ、そして完全：拒絶から回復への30日間の旅』は世界40の言語に翻訳されています

https://www.amazon.com/Loved-Chosen-Whole-Rejection-Restoration-ebook/dp/B0F9VSD8WL

https://shop.ingramspark.com/b/084?params=xga0WR16muFUwCoeMUBHQ6HwYjddLGpugQHb3DVa5hE

彼の足跡をたどる ― 40日間のWWJDチャレンジ：世界中の実話から学ぶイエスの生き方

https://www.amazon.com/His-Steps-Challenge-Real-Life-Stories-ebook/dp/B0FCYTL5MG

https://shop.ingramspark.com/b/084?params=DuNTWS59IbkvSKtGFbCbEFdv3Zg0FaITUEvlK49yLzB

戸口に立つイエス:
40の悲痛な物語と、今日の教会への天からの最後の警告

https://www.amazon.com/dp/B0FDX31L9F

https://shop.ingramspark.com/b/084?params=TpdA5j8WPvw83glJ12N1B3nf8LQte2allIEy32bHcGg

契約生活：申命記28章の祝福の中を歩む40日間

\- https://www.amazon.com/dp/B0FFJCLDB5

実在の人々の物語、実在の従順、そして実在の

https://shop.ingramspark.com/b/084?params=bH3pzfz1zdCOLpbs7tZYJNYgGcYfU32VMz3J3a4e2Qt

20以上の言語での変革

彼女を知ること、そして彼を知ること：
癒し、理解、そして永続的な愛への40日間

https://www.amazon.com/KNOWING-HER-HIM-Healing-Understanding-ebook/dp/B0FGC4V3D9

https://shop.ingramspark.com/b/084?params=vC6KCLoI7Nnum24BVmBtSme9i6k59p3oynaZ0Y4B9Rd

競争ではなく、完全性：
目的、団結、そして協力への40日間の旅

https://shop.ingramspark.com/b/084?params=5E4v1tHgeTqO0uEtfTYUzZDzLyXLee30cqYo00v9941

https://www.amazon.com/COMPLETE-NOT-COMPETE-Journey-Collaboration-ebook/dp/B0FGGL1XSQ/

神の健康法 - 神の言葉と創造を通して癒しを活性化する40の日々の鍵。植物、祈り、そして預言的な行動の癒しの力を解き放ちましょう。

https://shop.ingramspark.com/b/084?params=xkZMrYcEHnrJDhe1wuHHYixZDViiArCeJ6PbNMTbTux

https://www.amazon.com/dp/B0FHJT42TK

https://www.amazon.com/stores/Ambassador-Monday-0.-Ogbe/author/B07MSBPFNXでご覧いただけます。

www.ingramcontent.com/pod-product-compliance
Lightning Source LLC
Chambersburg PA
CBHW052100070526
44584CB00017B/2262
* 9 7 8 1 0 8 8 1 6 7 1 9 9 *